Frugalisme

Spar penger og oppnå økonomisk frihet

Introduksjon til frugalisme

Frugalisme er et begrep som har vunnet stadig større popularitet de siste årene, og det er ikke vanskelig å se hvorfor. I en tid hvor stadig flere mennesker sliter med å få endene til å møtes, kan frugalisme være en måte å håndtere økonomien på en mer bærekraftig måte. Men hva er egentlig frugalisme, og hvordan kan det hjelpe deg?

Frugalisme handler om å leve et liv med færre utgifter enn inntekter, og dermed spare penger for å oppnå økonomisk uavhengighet og frihet. Det kan være så enkelt som å kutte ned på unødvendige utgifter som kaffe på kafe, eller det kan være en mer radikal livsstilsendring hvor du lever så enkelt som mulig for å minimere utgiftene dine.

Frugalisme er ikke det samme som å være gnien eller gjerrig, selv om det ofte kan forveksles. Frugalisme handler om å være bevisst på hvordan du bruker pengene dine, og å fokusere på det som virkelig betyr noe for deg. Det handler om å finne en balanse mellom å leve livet fullt ut og å sørge for en økonomisk fremtid.

Å leve frugalt betyr ikke at du må gi opp alt som gjør livet verdt å leve. Tvert imot kan det være en måte å frigjøre seg fra forbrukerkulturen og finne glede i enkle ting som tid med venner og familie, natur, kreativitet og selvutvikling.

I denne boken vil vi utforske forskjellige aspekter ved frugalisme og hvordan du kan integrere det i livet ditt på en måte som fungerer for deg. Vi vil se på praktiske tips og triks for å kutte utgiftene dine, spare penger og investere for fremtiden. Vi vil også diskutere de mentale og emosjonelle aspektene ved å leve frugalt, og hvordan det kan påvirke livet ditt på en positiv måte.

Men først og fremst vil vi utforske hvorfor frugalisme er verdt å vurdere, uansett hvor du er i livet. Vi vil se på hvordan det kan hjelpe deg å nå dine økonomiske mål, og hvordan det kan gi deg en følelse av frihet og kontroll i livet ditt.

Så bli med på denne reisen inn i verden av frugalisme. Vi håper du vil finne inspirasjon, kunnskap og støtte til å leve et mer frugalt liv.

Hvorfor frugalisme kan være viktig for deg

Frugalisme kan være viktig av mange grunner, fra å forbedre økonomien din til å skape mer tid og frihet i livet ditt. Her er noen grunner til hvorfor frugalisme kan være verdt å vurdere:

1. Frugalisme kan hjelpe deg å spare penger og redusere gjeld: Når du lever frugalt, kan du spare penger på utgifter du kanskje ikke trenger å gjøre. Det kan være å kutte ut dyre abonnementer, spise hjemmelaget mat eller velge å sykle eller gå til jobben. Disse små endringene kan legge opp til store besparelser over tid, og hjelpe deg å betale ned gjeld eller øke sparepengene dine.

2. Frugalisme kan gi deg mer kontroll over livet ditt: Når du er mer bevisst på hvordan du bruker pengene dine, kan du få mer kontroll over livet ditt. Du vil ikke lenger være slave av dine økonomiske utfordringer, men heller ha mer frihet til å gjøre det du vil med livet ditt.

3. Frugalisme kan redusere stress: Penger kan være en kilde til stress for mange mennesker, men når du lever frugalt, kan du redusere stressnivået ditt. Når du vet at du har kontroll over pengene dine og har en plan for økonomisk frihet, kan du sove bedre om natten og føle deg mer trygg og avslappet i hverdagen.

4. Frugalisme kan gi deg en følelse av tilfredshet: Når du lever frugalt, kan du finne glede i enkle ting som å lage mat hjemme, sykle til jobben eller bruke tid med venner og familie. Du vil oppleve at det å

fokusere på det som virkelig betyr noe for deg gir deg en dypere følelse av tilfredshet og lykke i livet ditt.

5. Frugalisme kan hjelpe deg å oppnå økonomisk uavhengighet: Hvis du lever frugalt og sparer penger, kan du bygge opp en økonomisk pute som kan gi deg frihet og uavhengighet i livet ditt. Du vil være mindre avhengig av å jobbe i en jobb du ikke liker eller å være avhengig av andre for å klare deg økonomisk.

6. Frugalisme kan hjelpe deg å leve mer miljøvennlig: Når du lever frugalt, kan du også velge en mer bærekraftig livsstil. Du kan kutte ned på bruken av ressurser og velge mer miljøvennlige alternativer, som å sykle eller bruke offentlig transport. Dette kan ikke bare hjelpe deg å spare penger, men også bidra til en bedre planet for oss alle.

Som du kan se, er det mange grunner til å vurdere frugalisme som en livsstil. Det kan hjelpe deg å spare penger, redusere stress og gi deg mer tid og frihet i livet ditt. Så hvorfor ikke ta det første skrittet mot et mer frugalt liv i dag?

Hvordan definere frugalisme

Frugalisme kan defineres som en livsstil som handler om å leve på mindre enn man tjener, og å være bevisst på hvordan man bruker pengene sine for å oppnå økonomisk uavhengighet og frihet. Frugalisme er ikke det samme som gjerrighet, men heller en bevisst tilnærming til økonomien som fokuserer på å leve enkelt og spare penger på en måte som gjør det mulig å oppnå økonomiske mål.

Frugalisme handler om å leve innenfor betydelige begrensninger og å være bevisst på hvordan man bruker pengene sine. Det er en livsstil som utfordrer forbrukerkulturen og det konstante behovet for å ha stadig mer. Frugalister har et ønske om å være mer miljøvennlige og å fokusere på det som virkelig betyr noe i livet.

Frugalister fokuserer på å kutte unødvendige utgifter og å finne måter å leve enkelt og billig på. De spiser hjemmelaget mat, bruker offentlig transport, sykler eller går til jobben, og de kjøper brukte klær eller ting i stedet for å kjøpe nye. Frugalister lever innenfor sine økonomiske betingelser og fokuserer på å spare og investere for å oppnå økonomisk uavhengighet og frihet.

En av de viktigste grunnene til å definere frugalisme er å skille det fra gjerrighet eller en beskjeden levestandard. Frugalisme handler ikke om å lide eller ofre livskvalitet for å spare penger. Frugalister fokuserer på å maksimere livskvaliteten ved å finne glede i enkle ting som natur, tid med venner og familie, kreativitet og selvutvikling.

Frugalisme kan også defineres som en måte å leve mer bevisst på og være takknemlig for det man allerede har. Det handler om å leve enkel og fornuftig livsstil som gir deg mulighet til å oppleve frihet og tilfredshet. Ved å være bevisst på hvordan du bruker pengene dine, kan du skape en økonomisk fremtid som gir deg mer frihet og kontroll over livet ditt.

I bunn og grunn handler frugalisme om å leve på en måte som gjør det mulig for deg å fokusere på det som virkelig betyr noe i livet ditt, og samtidig oppnå økonomisk uavhengighet og frihet. Ved å være bevisst på hvordan du bruker pengene dine og ved å leve innenfor betydelige begrensninger, kan du oppleve en dypere følelse av tilfredshet og glede i livet ditt.

10 grunner til å bli frugal

Frugalisme har blitt stadig mer populært de siste årene, og det er ikke vanskelig å se hvorfor. Her er 10 grunner til hvorfor du bør vurdere å bli frugal:

1. Økonomisk frihet: Når du lever frugalt, kan du spare penger og bygge opp en økonomisk pute som kan gi deg frihet og uavhengighet i livet ditt. Du vil være mindre avhengig av å jobbe i en jobb du ikke liker eller å være avhengig av andre for å klare deg økonomisk.
2. Redusert stress: Penger kan være en kilde til stress for mange mennesker, men når du lever frugalt, kan du redusere stressnivået ditt. Når du vet at du har kontroll over pengene dine og har en plan for økonomisk frihet, kan du sove bedre om natten og føle deg mer trygg og avslappet i hverdagen.
3. Mer tid og frihet: Når du lever frugalt, kan du frigjøre tid og frihet ved å kutte ned på arbeidstiden, reisetid eller gjøre færre ting som ikke er viktig for deg. Dette kan gi deg mer tid til å gjøre det du virkelig vil i livet ditt.
4. Miljøvennlig livsstil: Når du lever frugalt, kan du velge en mer bærekraftig livsstil. Du kan kutte ned på bruken av ressurser og velge mer miljøvennlige alternativer, som å sykle eller bruke offentlig transport. Dette kan ikke bare hjelpe deg å spare penger, men også bidra til en bedre planet for oss alle.
5. Økt selvbevissthet: Når du lever frugalt, blir du mer bevisst på hvordan du bruker pengene dine og hva som er viktig for deg i livet. Dette kan gi deg en

dypere følelse av selvbevissthet og en klarere visjon for din fremtid.

6. Økt kreativitet: Når du lever frugalt, kan du bli mer kreativ i livet ditt. Du kan finne nye og spennende måter å gjøre ting på som gir deg muligheten til å utvikle deg selv og dine ferdigheter.

7. Bedre helse: Frugalisme kan også bidra til bedre helse, ved å kutte ut unødvendige utgifter på usunn mat eller alkohol, og heller velge sunne alternativer som hjemmelaget mat eller å sykle eller gå til jobben.

8. Bedre familieforhold: Når du lever frugalt, kan du også fokusere på å bruke mer tid med familien din. Du kan finne glede i enkle ting som å lage mat hjemme eller gå på tur sammen, som kan styrke forholdet og bringe familien din nærmere sammen.

9. Mer takknemlighet: Når du lever frugalt, kan du lære å verdsette de små tingene i livet og bli mer takknemlig for det du allerede har. Dette kan gi deg en dypere følelse av tilfredshet og glede. Ved å fokusere på det som virkelig betyr noe for deg, som tid med venner og familie eller utendørsaktiviteter, kan du oppleve en større takknemlighet for de tingene som gjør livet verdt å leve. Å leve en enklere livsstil kan også hjelpe deg å sette pris på det du har og finne glede i de enkle tingene i livet. Dette kan gi deg en dypere følelse av tilfredshet og glede, og kan bidra til å forbedre ditt generelle velvære og lykke.

10. Oppnå økonomiske mål: Når du lever frugalt, kan du fokusere på å oppnå dine økonomiske mål, som å betale ned gjeld eller spare til en større investering som bolig eller utdannelse. Ved å være bevisst på

hvordan du bruker pengene dine, kan du oppnå disse målene raskere og mer effektivt.

Disse er bare noen få av de mange grunnene til hvorfor du bør vurdere å bli frugal. Frugalisme kan hjelpe deg å oppnå økonomisk frihet, redusere stress, frigjøre tid og frihet, og gi deg en dypere følelse av tilfredshet og glede i livet ditt. Ved å være bevisst på hvordan du bruker pengene dine, kan du oppnå økonomiske mål og få kontroll over livet ditt.

10 vanlige frugalistiske prinsipper

Frugalisme handler om å leve enkelt, spare penger og oppnå økonomisk frihet. Her er 10 vanlige frugalistiske prinsipper som kan hjelpe deg å oppnå disse målene:

1. Lag et budsjett: Et budsjett er en viktig del av frugalisme. Det hjelper deg å holde oversikt over pengene dine og å planlegge for fremtiden. Sett opp et budsjett som fungerer for deg og som inkluderer alle utgiftene dine, samt inntektene dine.
2. Reduser utgiftene dine: Frugalister fokuserer på å kutte ut unødvendige utgifter og å finne måter å leve enkelt og billig på. Dette kan bety å kutte ut dyre abonnementer, spise hjemmelaget mat eller velge å sykle eller gå til jobben.
3. Kjøp brukte ting: I stedet for å kjøpe nye ting, kan du spare mye penger ved å kjøpe brukte. Brukte klær, møbler og elektronikk kan være like gode som nye, men til en brøkdel av prisen.
4. Spis hjemmelaget mat: Å spise hjemmelaget mat kan være både billig og sunt. Planlegg måltidene dine på forhånd og lag mat fra bunnen av. Dette kan også bidra til å redusere matsvinnet ditt.
5. Velg offentlig transport: Å bruke offentlig transport eller å sykle kan være en billig og miljøvennlig måte å komme seg rundt på. Det kan også være en flott måte å trene på.
6. Lag ting selv: Frugalister er ofte flinke til å lage ting selv, enten det er klær, møbler eller mat. Dette kan ikke bare spare deg penger, men også gi deg en følelse av tilfredshet ved å skape noe selv.
7. Bruk rabattkoder og tilbud: Frugalister er flinke til å finne tilbud og rabattkoder som kan hjelpe dem å

spare penger på alt fra mat til klær. Bruk nettet til å finne gode tilbud og bruk dem når du handler.

8. Unngå gjeld: Frugalister prøver å unngå å ta opp gjeld så mye som mulig. De bruker heller penger de allerede har, og de jobber for å betale ned eventuell gjeld de allerede har.

9. Søk etter gratis underholdning: Frugalister er flinke til å finne gratis underholdning, enten det er å gå på tur, lese en bok eller lytte til musikk på nettet. Dette kan være en flott måte å ha det gøy uten å bruke penger.

10. Spar penger: Frugalister fokuserer på å spare penger og investere for å oppnå økonomisk uavhengighet og frihet. Sett opp et mål for hvor mye du vil spare hver måned, og følg planen din nøye.

Disse frugalistiske prinsippene kan hjelpe deg å oppnå økonomisk frihet og frihet i livet ditt. Ved å være bevisst på hvordan du bruker pengene dine og ved å følge disse prinsippene, kan du spare penger og oppnå dine økonomiske mål. Men frugalisme handler ikke bare om å spare penger, det handler også om å leve et enklere og mer meningsfullt liv. Ved å fokusere på de viktige tingene i livet, kan du oppleve en større glede og tilfredshet, selv når du lever på et stramt budsjett.

Som frugalist handler det om å finne en balanse mellom å spare penger og å leve et godt liv. Du trenger ikke å ofre livskvaliteten for å spare penger, og det er viktig å finne en livsstil som fungerer for deg og din økonomi. Frugalisme kan være en fantastisk måte å oppnå økonomisk frihet og å leve et enklere og mer meningsfullt liv på, men det er viktig å være tålmodig og disiplinert for å oppnå disse målene.

Frugalitet og minimalisme - forskjeller og likheter

Frugalitet og minimalisme er to begreper som ofte blir nevnt sammen, men de betyr ikke det samme. Mens frugalitet handler om å leve enkelt og spare penger, handler minimalisme om å redusere mengden av ting man har og å fokusere på det som virkelig betyr noe i livet.

Frugalitet handler om å spare penger på en bevisst måte. Frugalister er flinke til å finne måter å leve enkelt og billig på, slik at de kan spare penger og investere for å oppnå økonomisk frihet. De fokuserer på å kutte ut unødvendige utgifter, spise hjemmelaget mat og kjøpe brukte ting i stedet for nye.

Minimalisme, derimot, handler om å redusere mengden av ting man har og å fokusere på det som virkelig betyr noe i livet. Minimalister fokuserer på å kvitte seg med unødvendige eiendeler og å skape et enklere og mer meningsfullt liv. De velger å ha færre ting, men av høyere kvalitet, og de fokuserer på å kjøpe ting som virkelig gir verdi til livet deres.

Selv om frugalitet og minimalisme er forskjellige begreper, deler de noen likheter. Begge handler om å være bevisst på hva man bruker pengene sine på og hva man har i livet sitt. Begge handler også om å leve en enklere og mer meningsfull livsstil.

Både frugalister og minimalister er opptatt av å spare penger, men de har forskjellige måter å gjøre det på. Frugalister sparer penger ved å kutte ut unødvendige utgifter, mens minimalister sparer penger ved å ha færre ting og fokusere på kvalitet over kvantitet.

Frugalitet og minimalisme kan også være en flott kombinasjon. Ved å kombinere frugalitet med minimalisme, kan du spare penger på en bevisst måte og samtidig skape et enklere og mer meningsfullt liv. Du kan velge å ha færre ting av høyere kvalitet, og å kutte ut unødvendige utgifter for å spare penger og investere for å oppnå økonomisk frihet.

I bunn og grunn handler både frugalitet og minimalisme om å skape et liv som gir deg glede, tilfredshet og frihet. Ved å være bevisst på hva du bruker pengene dine på og hva du har i livet ditt, kan du oppnå disse målene og leve et mer meningsfullt liv.

Hvordan sette opp et frugalistisk budsjett

Å sette opp et frugalistisk budsjett er en viktig del av frugalisme. Et budsjett hjelper deg å holde oversikt over pengene dine, å planlegge for fremtiden og å oppnå økonomisk frihet. Her er noen tips for å sette opp et frugalistisk budsjett:

1. Start med inntektene dine: Først må du vite hvor mye penger du har å jobbe med. Skriv ned inntektene dine fra alle kildene dine, inkludert lønn, avkastning på investeringer og eventuelle ekstrainntekter du måtte ha.
2. Lag en liste over utgiftene dine: Skriv ned alle utgiftene dine, inkludert faste utgifter som husleie, strøm og internett, samt variable utgifter som mat, klær og underholdning.
3. Prioriter utgiftene dine: Gå gjennom utgiftene dine og identifiser de viktigste utgiftene. Disse kan være ting som husleie, mat og regninger. Sett disse utgiftene øverst på listen din og tildel nok penger til hver av dem.
4. Reduser unødvendige utgifter: Gå gjennom resten av utgiftene dine og prøv å kutte ut unødvendige utgifter. Dette kan være ting som dyre abonnementer, unødvendige reiser og impulskjøp.
5. Planlegg for fremtiden: Sett opp en konto for nødfond og legg til penger hver måned. Dette vil hjelpe deg å takle uventede utgifter og gi deg en følelse av trygghet.
6. Sørg for å inkludere sparing: Legg til en del av budsjettet ditt for sparing og investering. Sett deg et

mål for hvor mye du vil spare hver måned, og hold deg til det.

7. Følg budsjettet ditt: Når du har satt opp budsjettet ditt, er det viktig å følge det nøye. Dette betyr å holde oversikt over utgiftene dine og justere budsjettet ditt hvis det er nødvendig.

Å sette opp et frugalistisk budsjett kan virke overveldende, men det kan være en flott måte å få kontroll over økonomien din og oppnå økonomisk frihet. Ved å være bevisst på hva du bruker pengene dine på og planlegge for fremtiden, kan du redusere stresset og bekymringene dine om økonomi. Husk å være tålmodig og disiplinert når du følger budsjettet ditt, og ikke vær redd for å justere det etter behov.

Hvordan spare penger på dagligvarehandel

Dagligvarehandel kan være en stor utgiftspost for mange mennesker, men det er mulig å spare penger på mat uten å ofre kvaliteten eller smaken. Her er noen tips for hvordan du kan spare penger på dagligvarehandel:

1. Planlegg måltidene dine: Før du går til butikken, planlegg måltidene dine for uken. Dette vil hjelpe deg å unngå impulskjøp og å unngå å kjøpe mat som går til spille. Planlegging kan også hjelpe deg å kjøpe matvarer som kan brukes til flere måltider, slik at du kan spare penger og redusere matsvinnet.
2. Bruk rabattkuponger: Bruk rabattkuponger når du handler i butikken for å spare penger. Du kan finne kuponger i aviser, på nettet eller i apper. Sjekk også om butikken har sitt eget belønningssystem som gir deg rabatter på utvalgte produkter.
3. Kjøp i bulk: Kjøp matvarer som ris, pasta og belgfrukter i bulk for å spare penger. Disse matvarene har lang holdbarhet, og du kan lagre dem i pantryet ditt for å bruke når du trenger dem.
4. Velg generiske merker: Velg generiske merker i stedet for merkevareprodukter for å spare penger. Generiske merker kan være like gode som merkevareprodukter, men til en lavere pris.
5. Unngå å handle når du er sulten: Unngå å handle når du er sulten, da dette kan føre til impulskjøp av matvarer du egentlig ikke trenger. Spis et måltid eller en snack før du går til butikken for å unngå å handle på tom mage.

6. Velg sesongbaserte produkter: Velg sesongbaserte produkter når du handler for å spare penger. Disse produktene er ofte billigere og mer tilgjengelige når de er i sesong.

7. Lag mat fra bunnen av: Lag mat fra bunnen av i stedet for å kjøpe ferdigmat eller halvfabrikata. Dette kan være billigere og sunnere, og det kan også hjelpe deg å unngå å kjøpe produkter med unødvendige tilsetningsstoffer.

Å spare penger på dagligvarehandel kan virke vanskelig, men det er mulig hvis du følger disse tipsene. Ved å planlegge måltidene dine, bruke kuponger, kjøpe i bulk og velge generiske merker, kan du spare penger og opprettholde en sunn og næringsrik diett. Husk å være bevisst på hva du bruker pengene dine på når du handler for mat, og ikke vær redd for å eksperimentere med nye oppskrifter for å spare penger og forbedre kostholdet ditt.

Hvordan spare penger på klær og mote

Klær og mote kan være en stor utgiftspost for mange mennesker, men det er mulig å spare penger på klær og samtidig se bra ut. Her er noen tips for å spare penger på klær og mote:

1. Handle på salg: Hold øye med salg og tilbud i butikkene og på nettet. Kjøp klær i off-season eller på slutten av sesongen når butikkene prøver å kvitte seg med varene sine.
2. Kjøp brukt: Sjekk ut bruktbutikker eller online tjenester for bruktmarked for å finne gode kupp. Mange av disse produktene er i god stand og kan være like trendy og stilige som nye klær.
3. Bytt klær med venner: Organiser klesbyttedager med vennene dine for å bytte klær du ikke lenger bruker. Dette kan være en flott måte å få nye klær uten å bruke penger.
4. Gjenbruk klærne dine: Gjenbruk klærne dine på nye måter for å gi dem et nytt utseende. Kombiner forskjellige plagg for å skape nye antrekk og prøv å tilføye tilbehør for å gi klærne en personlig touch.
5. Kjøp tidløse plagg: Kjøp tidløse plagg som aldri går av moten og som kan brukes år etter år. Disse klærne kan være dyre i utgangspunktet, men de vil spare deg for penger på lang sikt.
6. Unngå impulskjøp: Unngå impulskjøp av klær du egentlig ikke trenger. Før du kjøper et plagg, tenk over om du faktisk vil bruke det og om det passer med resten av garderoben din.

7. Vask klærne dine riktig: Vask klærne dine riktig for å forlenge levetiden deres. Følg vaskeinstruksjonene på etiketten, og unngå å bruke tørketrommel på klær som ikke tåler det.

Ved å følge disse tipsene, kan du spare penger på klær og mote uten å ofre stil eller kvalitet. Husk å være bevisst på hva du bruker pengene dine på når du handler for klær, og vær tålmodig når du leter etter gode tilbud og brukte klær. Ved å tenke utenfor boksen og være kreativ, kan du ha en stilfull garderobe uten å bryte banken.

Hvordan spare penger på transport

Transport kan være en stor utgiftspost for mange mennesker, men det er mulig å spare penger på transport uten å ofre bekvemmelighet eller kvalitet. Her er noen tips for å spare penger på transport:

1. Gå, sykle eller løp: Ta beina fatt og gå, sykle eller løp til destinasjonen din når det er mulig. Dette kan være en flott måte å spare penger på transport og samtidig få litt mosjon.
2. Bruk kollektivtransport: Bruk kollektivtransport som buss, tog eller trikk for å spare penger på transport. Mange byer har også rabattordninger for studenter, pensjonister og arbeidsledige.
3. Kjøp et billigere kjøretøy: Hvis du er i markedet for en ny bil, vurder å kjøpe en mindre eller billigere bil. Dette kan redusere kostnadene for drivstoff, vedlikehold og forsikring.
4. Del transportkostnader: Del transportkostnadene med venner eller kolleger som reiser til samme destinasjon. Dette kan være en flott måte å spare penger på bensin og parkering.
5. Kjør økonomisk: Kjør bilen på en økonomisk måte ved å holde hastigheten jevn og unngå å akselerere eller bremse hardt. Dette kan redusere forbruket av drivstoff og dermed spare penger.
6. Unngå bomveier: Unngå bomveier hvis mulig og prøv å finne alternative ruter for å unngå unødvendige kostnader.
7. Vedlikehold bilen: Sørg for at bilen din er i god stand ved å utføre regelmessig vedlikehold. Dette kan forhindre kostbare reparasjoner og øke bilens levetid.

Ved å følge disse tipsene, kan du spare penger på transport uten å ofre bekvemmelighet eller kvalitet. Husk å være bevisst på hva du bruker pengene dine på når det gjelder transport, og prøv å finne alternative måter å reise på hvis det er mulig. Ved å være tålmodig og disiplinert når du planlegger transport, kan du redusere stresset og bekymringene dine om økonomi.

Hvordan spare penger på bolig og utleie

Bolig kan være en stor utgiftspost for mange mennesker, men det er mulig å spare penger på bolig uten å ofre kvaliteten på levestandarden. Her er noen tips for å spare penger på bolig og utleie:

1. Finn en billigere bolig: Finn en bolig som passer innenfor budsjettet ditt og som ikke overstiger dine økonomiske muligheter. Dette kan være en mindre bolig, en annen beliggenhet eller en delt bolig.
2. Spar på energiforbruket: Spar på strømforbruket ved å slå av lys når du ikke trenger det, bruke energieffektive lyspærer og installere programmerbare termostater for å redusere kostnadene for oppvarming.
3. Reduser transportkostnadene: Velg en bolig som er nært nok til arbeidsplassen og andre nødvendige destinasjoner for å redusere transportkostnadene.
4. Utleie rom eller deler av boligen: Hvis du eier en bolig, kan du utleie rom eller deler av boligen til å redusere utgifter til å betale for boliglånet. Dette kan også være en inntektskilde for å hjelpe deg å betale ned lånet ditt raskere.
5. Spar på vedlikeholdskostnader: Utfør regelmessig vedlikehold på boligen din for å redusere kostnadene for reparasjoner og erstatninger på lang sikt.
6. Vurder en leieavtale med redusert leie: Hvis du ikke kan betale full pris på leie, kan du diskutere med utleier om en leieavtale med redusert leie. Dette kan

være en midlertidig løsning som kan hjelpe deg med å redusere utgiftene dine i en kort periode.

7. Søk om offentlige tilskudd: Hvis du har lav inntekt, kan du søke om offentlige tilskudd for å hjelpe deg med å betale husleien eller andre utgifter knyttet til boligen din.

Ved å følge disse tipsene, kan du spare penger på bolig og utleie uten å ofre kvaliteten på levestandarden. Husk å være bevisst på hva du bruker pengene dine på når det gjelder bolig og utleie, og prøv å finne alternative måter å spare penger på hvis det er mulig. Ved å være tålmodig og disiplinert når du planlegger bolig og utleie, kan du redusere stresset og bekymringene dine om økonomi.

Hvordan spare penger på underholdning

Underholdning kan være en stor utgiftspost for mange mennesker, men det er mulig å spare penger på underholdning uten å ofre moroa. Her er noen tips for å spare penger på underholdning:

1. Søk etter gratis arrangementer: Søk etter gratis arrangementer og aktiviteter i ditt lokalområde. Mange byer har gratis konserter, festivaler og forestillinger som du kan delta på uten å betale.
2. Lag en innendørs underholdningskveld: Inviter venner over for en innendørs underholdningskveld. Dette kan inkludere å spille brettspill, se på filmer eller lage mat sammen.
3. Bruk biblioteket: Bruk biblioteket for å låne bøker, filmer og musikk. Dette kan være en flott måte å spare penger på underholdning og samtidig få tilgang til et bredt utvalg av materiale.
4. Spar på abonnementstjenester: Vurder å si opp abonnementstjenester som du ikke bruker regelmessig, eller som du kan få tilgang til på andre måter. Dette kan inkludere strømmetjenester eller aviser og magasiner.
5. Søk etter rabatter: Søk etter rabatter og tilbud på billetter til teaterforestillinger, museer og andre kulturarrangementer. Mange steder tilbyr rabatter for studenter, pensjonister eller grupper.
6. Gjør aktiviteter hjemme: Gjør aktiviteter hjemme som å bake, lage mat eller male. Dette kan være en kreativ måte å underholde seg på uten å bruke mye penger.

7. Utendørsaktiviteter: Gjør utendørsaktiviteter som å gå på tur, sykle eller fiske. Dette kan være en flott måte å utforske naturen og samtidig spare penger på underholdning.

Ved å følge disse tipsene, kan du spare penger på underholdning uten å ofre moroa. Husk å være bevisst på hva du bruker pengene dine på når det gjelder underholdning, og prøv å finne alternative måter å underholde deg på hvis det er mulig. Ved å være tålmodig og disiplinert når du planlegger underholdning, kan du redusere stresset og bekymringene dine om økonomi.

Hvordan spare penger på ferier og reiser

Ferie og reiser kan være en stor utgiftspost for mange mennesker, men det er mulig å spare penger på ferier og reiser uten å ofre opplevelsen eller kvaliteten på turen. Her er noen tips for å spare penger på ferier og reiser:

1. Reis utenfor høysesongen: Reis utenfor høysesongen for å spare penger på reise og overnatting. Lavsesong kan også bety færre turister og mindre overfylte turistattraksjoner.
2. Bruk budsjettvennlige overnattingsalternativer: Bruk budsjettvennlige overnattingsalternativer som vandrerhjem, airbnb eller campingplasser. Disse alternativene kan være billigere enn tradisjonelle hoteller og gir deg muligheten til å oppleve stedet på en annen måte.
3. Spar på transportkostnader: Spar på transportkostnader ved å bruke offentlig transport, leie sykkel eller gå til fots. Dette kan være en flott måte å utforske stedet på og samtidig spare penger.
4. Planlegg på forhånd: Planlegg ferien på forhånd og søk etter rabatter og tilbud på flybilletter, overnatting og aktiviteter. Mange steder tilbyr rabatter for tidlig booking og grupper.
5. Reis lokalt: Utforsk lokale destinasjoner og steder som du ikke har besøkt før. Dette kan være en billigere og mer autentisk måte å oppleve et sted på.
6. Spis på lokale spisesteder: Spis på lokale spisesteder i stedet for turistfeller. Dette kan gi deg en bedre smak av kulturen og samtidig spare penger på mat.

7. Begrens suvenirer: Begrens kjøp av suvenirer og heller samle minner og bilder fra turen. Dette kan være en billigere og mer personlig måte å huske ferien på.

Ved å følge disse tipsene, kan du spare penger på ferier og reiser uten å ofre opplevelsen eller kvaliteten på turen. Husk å være bevisst på hva du bruker pengene dine på når det gjelder ferier og reiser, og prøv å finne alternative måter å spare penger på hvis det er mulig. Ved å være tålmodig og disiplinert når du planlegger ferien, kan du redusere stresset og bekymringene dine om økonomi.

Hvordan spare penger på personlig pleie

Personlig pleie kan være en stor utgiftspost for mange mennesker, men det er mulig å spare penger på personlig pleie uten å ofre helsen eller velvære. Her er noen tips for å spare penger på personlig pleie:

1. Lag dine egne produkter: Lag dine egne produkter som ansiktsmasker, hårpleie og kroppspleieprodukter. Dette kan være billigere og mer naturlig enn å kjøpe dyre produkter fra butikken.

2. Gå til frisøren sjeldnere: Gå til frisøren sjeldnere og lær å klippe og style håret selv. Dette kan spare penger på dyre frisørbesøk og samtidig gi deg mer kontroll over stilen din.

3. Kjøp i bulk: Kjøp personlig pleieprodukter som såpe, sjampo og tannkrem i bulk for å spare penger og unngå å kjøpe små pakker oftere.

4. Bruk enkle produkter: Bruk enkle produkter som kan utføre flere funksjoner. Dette kan inkludere en fuktighetskrem med solbeskyttelse, som kan spare penger på to separate produkter.

5. Velg mer naturlige produkter: Velg mer naturlige produkter som inneholder færre kjemikalier. Dette kan være sunnere for huden og spare penger på å unngå dyre merker.

6. Spar på barbering: Spar på barbering ved å bruke billigere barberhøvler eller bruke barberingskrem og andre produkter mindre.

7. Finn tilbud: Søk etter tilbud og rabatter på personlig pleieprodukter. Mange butikker tilbyr kampanjer

eller kuponger for å spare penger på personlig pleieprodukter.

Ved å følge disse tipsene, kan du spare penger på personlig pleie uten å ofre helsen eller velvære. Husk å være bevisst på hva du bruker pengene dine på når det gjelder personlig pleie, og prøv å finne alternative måter å spare penger på hvis det er mulig. Ved å være tålmodig og disiplinert når du planlegger personlig pleie, kan du redusere stresset og bekymringene dine om økonomi.

Hvordan spare penger på husholdningsartikler og rengjøring

Husholdningsartikler og rengjøring kan være en stor utgiftspost for mange husholdninger, men det er mulig å spare penger på disse produktene uten å ofre rensligheten eller kvaliteten på rengjøringen. Her er noen tips for å spare penger på husholdningsartikler og rengjøring:

1. Lag dine egne rengjøringsmidler: Lag dine egne rengjøringsmidler ved å bruke enkle ingredienser som eddik, natron og sitronsaft. Dette kan være billigere og mer naturlig enn å kjøpe dyre rengjøringsmidler fra butikken.
2. Bruk gjenbrukbare rengjøringsartikler: Bruk gjenbrukbare rengjøringsartikler som kluter, mopper og svamper i stedet for engangsartikler. Dette kan være billigere i det lange løp og mer miljøvennlig.
3. Spar på vaskemiddel: Spar på vaskemiddel ved å bruke mindre mengder eller velge et billigere merke. Det er ikke alltid nødvendig å bruke mye vaskemiddel for å få rent tøy.
4. Bruk salgsfremmende kampanjer: Søk etter salgsfremmende kampanjer og rabatter på husholdningsartikler og rengjøringsprodukter. Mange butikker tilbyr tilbud på produkter du trenger til husholdningen.
5. Unngå unødvendige produkter: Unngå å kjøpe unødvendige produkter som kan gjøre det vanskeligere å spare penger på husholdningsartikler og rengjøring. Velg produkter som du faktisk trenger.

6. Vask klærne kaldt: Vask klærne dine i kaldt vann i stedet for varmt vann. Dette kan spare energi og penger på strømregningen.
7. Hold ting rent: Hold ting rent og ryddig for å redusere behovet for rengjøringsprodukter og redusere slitasje på husholdningsartikler.

Ved å følge disse tipsene, kan du spare penger på husholdningsartikler og rengjøring uten å ofre rensligheten eller kvaliteten på rengjøringen. Husk å være bevisst på hva du bruker pengene dine på når det gjelder husholdningsartikler og rengjøring, og prøv å finne alternative måter å spare penger på hvis det er mulig. Ved å være tålmodig og disiplinert når du planlegger husholdningsartikler og rengjøring, kan du redusere stresset og bekymringene dine om økonomi.

Hvordan spare penger på elektronikk og teknologi

Elektronikk og teknologi er en stor utgiftspost for mange mennesker, men det er mulig å spare penger på disse produktene uten å ofre funksjonaliteten eller kvaliteten på teknologien. Her er noen tips for å spare penger på elektronikk og teknologi:

1. Kjøp brukt: Kjøp brukt teknologi for å spare penger. Bruktmarkedet for teknologi kan være en god kilde for å kjøpe produkter som fortsatt er i god stand, men til en lavere pris enn nye produkter.
2. Sjekk tilbud: Sjekk tilbud og salgsfremmende kampanjer på teknologiprodukter. Mange butikker tilbyr rabatter på utvalgte produkter, spesielt i forbindelse med høytider og sesonger.
3. Velg eldre modeller: Velg eldre modeller av teknologi som fortsatt fungerer bra og kan spare deg for mye penger sammenlignet med nye modeller.
4. Undersøk prisene: Undersøk priser på produkter fra forskjellige butikker og nettbutikker for å finne de beste tilbudene og prisene.
5. Bruk studentrabatter: Bruk studentrabatter hvis du er student eller har tilgang til andre rabatter og tilbud.
6. Velg å reparere: Velg å reparere teknologiprodukter i stedet for å kjøpe nye når mulig. Dette kan være billigere og mer miljøvennlig.
7. Velg å dele: Del teknologiprodukter med venner eller familie for å spare penger på teknologiprodukter som brukes sjelden eller som du ikke har behov for å ha alene.

Ved å følge disse tipsene, kan du spare penger på elektronikk og teknologi uten å ofre funksjonaliteten eller kvaliteten på produktene. Husk å være bevisst på hva du bruker pengene dine på når det gjelder teknologi, og prøv å finne alternative måter å spare penger på hvis det er mulig. Ved å være tålmodig og disiplinert når du kjøper teknologiprodukter, kan du redusere stresset og bekymringene dine om økonomi.

Hvordan spare penger på helse og velvære

Helse og velvære er viktig, men det kan også være en stor utgiftspost for mange mennesker. Men det er mulig å spare penger på helse og velvære uten å ofre helsen eller velvære. Her er noen tips for å spare penger på helse og velvære:

1. Velg generiske merker: Velg generiske merker for medisiner og kosttilskudd, som ofte er billigere enn merkevarealternativene.
2. Søk etter tilbud: Søk etter tilbud og rabatter på helseprodukter og kosttilskudd. Mange butikker tilbyr tilbud på disse produktene.
3. Fokuser på forebyggende tiltak: Fokuser på forebyggende tiltak for å unngå å måtte bruke mye penger på behandling senere. Dette kan inkludere å spise et sunt kosthold, trene regelmessig og få tilstrekkelig søvn.
4. Sjekk priser på helsetjenester: Sjekk priser på helsetjenester fra forskjellige leverandører for å finne de beste prisene. Husk også å sjekke om det er alternative behandlinger som kan være billigere eller like effektive.
5. Lag sunne måltider hjemme: Lag sunne måltider hjemme i stedet for å spise ute eller bestille mat. Dette kan være billigere og sunnere enn å spise ute.
6. Trening ute: Trening utendørs eller hjemme i stedet for å betale for et treningssenterabonnement. Det finnes mange gratis treningsøkter på nettet.
7. Søk etter gratis eller billig helsetjenester: Søk etter gratis eller billig helsetjenester, som inkluderer helsesjekker og screeningtest.

Ved å følge disse tipsene, kan du spare penger på helse og velvære uten å ofre helsen eller velvære. Husk å være bevisst på hva du bruker pengene dine på når det gjelder helse og velvære, og prøv å finne alternative måter å spare penger på hvis det er mulig. Ved å være tålmodig og disiplinert når det gjelder helse og velvære, kan du redusere stresset og bekymringene dine om økonomi.

Hvordan spare penger på investeringer og sparing

Investeringer og sparing er viktig for å sikre økonomisk stabilitet og vekst, men det kan også være en stor utgiftspost for mange mennesker. Her er noen tips for å spare penger på investeringer og sparing:

1. Sjekk renter på sparekontoer: Sjekk renter på sparekontoer og velg en bank som tilbyr høyere renter på sparepengene dine.
2. Start tidlig: Start å spare og investere tidlig for å få mer avkastning på investeringene over tid. Jo tidligere du starter, jo mer tid har pengene dine til å vokse.
3. Velg riktige investeringer: Velg riktige investeringer basert på målene dine og risikotoleransen din. Unngå å investere i noe du ikke forstår eller som har høy risiko.
4. Reduser gebyrer: Reduser gebyrene du betaler for investeringer og sparing. Søk etter investeringsprodukter som har lave gebyrer, og sjekk også om du kan få gebyrene redusert gjennom rabatter eller tilbud.
5. Automatiser sparingen: Automatiser sparingen og investeringene dine, slik at pengene blir trukket fra kontoen din automatisk hver måned eller hver uke. Dette kan hjelpe deg med å holde deg på sporet med sparing og investeringer.
6. Bruk skattefordeler: Bruk skattefordeler for sparing og investeringer, som inkluderer pensjonsplaner og individuelle pensjonskontoer (IPS).

7. Lær om økonomi og investeringer: Lær om
   økonomi og investeringer ved å lese bøker, ta kurs
   eller delta i investeringsklubber. Jo mer kunnskap
   du har om investeringer, jo bedre kan du ta
   avgjørelser og spare penger på investeringene dine.

Ved å følge disse tipsene, kan du spare penger på
investeringer og sparing og oppnå økonomisk stabilitet og
vekst over tid. Husk å være bevisst på hva du bruker
pengene dine på når det gjelder investeringer og sparing, og
prøv å finne alternative måter å spare penger på hvis det er
mulig. Ved å være tålmodig og disiplinert når det gjelder
investeringer og sparing, kan du redusere stresset og
bekymringene dine om økonomi.

Hvordan spare penger på utdanning og karriere

Utdanning og karriere kan være en stor utgiftspost for mange mennesker, spesielt når det gjelder høyere utdanning og karriereutvikling. Men det er mulig å spare penger på disse områdene uten å ofre kvaliteten på utdanningen eller karriereveksten. Her er noen tips for å spare penger på utdanning og karriere:

1. Søk etter stipender og legater: Søk etter stipender og legater for å få økonomisk støtte til utdanning og karriereutvikling. Det finnes mange stipender og legater tilgjengelig for studenter og arbeidstakere.
2. Velg rimelige alternativer: Velg rimelige alternativer for høyere utdanning, som community colleges eller online-utdanning, som kan være billigere enn tradisjonelle universiteter.
3. Søk etter gratis ressurser: Søk etter gratis ressurser for å lære om karrierer og bransjer, som bøker og online-kurs.
4. Velg å jobbe mens du studerer: Velg å jobbe mens du studerer for å tjene penger samtidig som du får utdanningen din.
5. Søk etter lærlingeprogrammer: Søk etter lærlingeprogrammer eller praksisplasser for å få erfaring og lære samtidig som du tjener penger.
6. Søk etter billigere kurs: Søk etter billigere kurs eller sertifiseringer som kan hjelpe deg med å få en karrierevei.
7. Søk etter bedre lønnede jobber: Søk etter bedre lønnede jobber som krever mindre utdanning, men

gir likevel muligheter for karrierevekst og
økonomisk stabilitet.

Ved å følge disse tipsene, kan du spare penger på utdanning
og karriere og oppnå suksess og økonomisk stabilitet over
tid. Husk å være bevisst på hva du bruker pengene dine på
når det gjelder utdanning og karriere, og prøv å finne
alternative måter å spare penger på hvis det er mulig. Ved å
være tålmodig og disiplinert når det gjelder utdanning og
karriere, kan du redusere stresset og bekymringene dine om
økonomi og oppnå en stabil og vellykket fremtid.

Hvordan spare penger på skatt og avgifter

Skatt og avgifter er en stor utgiftspost for mange mennesker, men det er mulig å spare penger på disse områdene uten å bryte loven eller unndra skatt. Her er noen tips for å spare penger på skatt og avgifter:

1. Søk etter skattefordeler: Søk etter skattefordeler som kan hjelpe deg med å redusere skatten du betaler, som fradrag for donasjoner til veldedighet, pensjonsinnskudd eller utdanningskostnader.
2. Velg en passende skatteklasse: Velg en passende skatteklasse som passer din inntekt og familieforhold. Det kan være fordelaktig å søke råd fra en skatteekspert for å finne ut hvilken skatteklasse som passer best for deg.
3. Planlegg økonomisk året rundt: Planlegg økonomisk året rundt, slik at du kan redusere skattene du betaler. Det kan være fordelaktig å spre ut inntekter og utgifter jevnt gjennom året for å unngå å betale høye skatter.
4. Søk etter avgiftsfritak: Søk etter avgiftsfritak for varer og tjenester som du bruker ofte, som medisiner eller utdanningsutgifter.
5. Følg med på skattemeldingen din: Følg med på skattemeldingen din og sjekk om alt er korrekt. Hvis du finner feil eller mangler, kan du søke om endring av skattemeldingen for å få tilbake penger eller redusere skattene du betaler.
6. Søk etter alternative måter å betale skatt på: Søk etter alternative måter å betale skatt på, som

gjennom å investere i skattefrie eller skatteutsatte produkter.

7. Søk etter hjelp fra en skatteekspert: Søk etter hjelp fra en skatteekspert hvis du er usikker på skatteprosedyrene eller trenger hjelp med å finne skattefordeler eller -rabatter.

Ved å følge disse tipsene, kan du spare penger på skatt og avgifter uten å bryte loven eller unndra skatt. Husk å være bevisst på hva du betaler i skatt og avgifter, og prøv å finne alternative måter å spare penger på hvis det er mulig. Ved å være tålmodig og disiplinert når det gjelder skatt og avgifter, kan du redusere stresset og bekymringene dine om økonomi og oppnå en bedre økonomisk situasjon over tid.

Frugalisme for familier og barn

Frugalisme kan være en effektiv måte for familier å spare penger og oppnå økonomisk stabilitet. Men det kan også være en utfordring å integrere frugalistiske prinsipper i en familie og oppmuntre barna til å forstå og følge disse prinsippene. Her er noen tips for å praktisere frugalisme som en familie:

1. Snakk åpent om penger: Snakk åpent om penger og økonomi med barna dine. Dette kan hjelpe dem med å forstå verdien av penger og viktigheten av å spare.
2. Lag en familiebudsjett: Lag en familiebudsjett og involver barna i prosessen. Dette kan hjelpe dem med å forstå hvor pengene går og hvordan man kan spare penger.
3. Velg rimelige alternativer: Velg rimelige alternativer for familieaktiviteter og ferier, som å gå på turer, besøke gratis museer eller campingturer.
4. Kjøp brukte varer: Kjøp brukte varer som klær, bøker eller leker i stedet for å kjøpe nye.
5. Reduser matkostnadene: Reduser matkostnadene ved å handle på salg, lage mat hjemme og planlegge måltider på forhånd.
6. Søk etter gratis ressurser: Søk etter gratis ressurser for å lære om økonomi og frugalisme, som bøker, podcaster eller nettkurs.
7. Lær barna å spare: Lær barna å spare penger ved å gi dem en sparekonto og oppmuntre dem til å legge til en del av pengene de får i gaver eller lommepenger.

Ved å følge disse tipsene, kan du integrere frugalistiske prinsipper i familien din og oppmuntre barna til å forstå og følge disse prinsippene. Husk å være tålmodig og oppmuntrende når det gjelder frugalisme for barna dine, og prøv å gjøre det til en morsom og engasjerende prosess. Ved å lære barna dine om verdien av penger og viktigheten av å spare, kan du hjelpe dem med å bygge sunne økonomiske vaner som vil vare livet ut.

Veien videre - hvordan leve et frugalistisk liv på lang sikt

Å praktisere frugalisme kan være en effektiv måte å spare penger og oppnå økonomisk stabilitet på kort sikt. Men hvordan kan du leve et frugalistisk liv på lang sikt, uten å miste motivasjonen eller bli lei av å leve sparsomt? Her er noen tips for å leve et frugalistisk liv på lang sikt:

1. Sett langsiktige mål: Sett langsiktige økonomiske mål, som å spare opp til en nødfond eller betale ned gjeld. Dette kan hjelpe deg med å holde deg motivert og fokusert på de langsiktige fordelene av frugalisme.
2. Gjør det til en livsstil: Gjør frugalisme til en livsstil, ikke bare en midlertidig løsning. Dette kan bety å redusere avhengigheten av materialistiske ting og fokusere på det som er virkelig viktig i livet.
3. Fortsett å lære: Fortsett å lære om frugalisme og økonomisk planlegging. Dette kan hjelpe deg med å finne nye måter å spare penger på og holde deg motivert og engasjert i livsstilen din.
4. Hold deg til budsjettet ditt: Hold deg til budsjettet ditt og unngå fristelsen til å bruke mer enn du har planlagt. Dette kan hjelpe deg med å opprettholde disiplinen og oppnå økonomisk stabilitet over tid.
5. Praktiser minimalisme: Praktiser minimalisme og reduser avhengigheten av materielle ting. Dette kan hjelpe deg med å redusere kostnadene og fokusere på det som virkelig betyr noe i livet.
6. Involver familien din: Involver familien din i frugalismen og oppmuntre dem til å praktisere samme livsstil. Dette kan hjelpe deg med å holde

deg motivert og oppnå økonomisk stabilitet som en familie.

7. Belønn deg selv: Belønn deg selv for å oppnå dine økonomiske mål. Dette kan hjelpe deg med å opprettholde motivasjonen og fortsette å jobbe mot langsiktige mål.

Ved å følge disse tipsene, kan du leve et frugalistisk liv på lang sikt og oppnå økonomisk stabilitet og velvære. Husk å være tålmodig og disiplinert når det gjelder frugalisme, og prøv å gjøre det til en livsstil som gir deg lykke og tilfredshet. Ved å fokusere på det som virkelig betyr noe i livet, kan du leve et meningsfullt og økonomisk stabilt liv.

Konklusjon

Frugalisme kan være en effektiv måte å spare penger og oppnå økonomisk stabilitet på kort og lang sikt. Å praktisere frugalisme handler ikke bare om å spare penger, det handler også om å fokusere på det som er virkelig viktig i livet og å redusere avhengigheten av materialistiske ting. Frugalisme kan være en livsstil som gir deg lykke og tilfredshet på lang sikt.

I denne boken har vi utforsket forskjellige aspekter av frugalisme, inkludert hva det er, hvorfor det kan være viktig for deg, og hvordan du kan praktisere frugalisme i forskjellige områder av livet ditt, som dagligvarehandel, klær og mote, transport, bolig og utleie, underholdning, ferier og reiser, personlig pleie, husholdningsartikler og rengjøring, elektronikk og teknologi, helse og velvære, investeringer og sparing, utdanning og karriere, skatt og avgifter, samt frugalisme for familier og barn.

Ved å følge frugalistiske prinsipper og praktisere frugalisme kan du oppnå økonomisk stabilitet og redusere stresset og bekymringene dine om økonomi. Frugalisme kan hjelpe deg med å sette langsiktige økonomiske mål, redusere avhengigheten av materialistiske ting, og fokusere på det som virkelig betyr noe i livet.

Husk at frugalisme ikke handler om å leve et liv i fattigdom eller avholdenhet, det handler om å finne en balanse mellom å spare penger og å leve et meningsfylt liv. Frugalisme kan være en livsstil som gir deg frihet til å gjøre det du virkelig ønsker å gjøre i livet, uten å bli begrenset av økonomiske begrensninger.

Til slutt, håper jeg denne boken har gitt deg verdifull informasjon og inspirasjon til å praktisere frugalisme i livet ditt. Husk å være tålmodig og disiplinert når det gjelder frugalisme, og prøv å gjøre det til en livsstil som gir deg lykke og tilfredshet på lang sikt.

Takk for at du tok deg tid til å lese denne boken om frugalisme. Jeg håper at du har lært noe verdifullt og at denne boken har inspirert deg til å ta noen frugalistiske valg i livet ditt.

Hvis du likte denne boken, vil jeg gjerne be om at du tar deg tid til å skrive en positiv anmeldelse. Din tilbakemelding vil hjelpe andre lesere til å oppdage denne boken og lære mer om frugalisme.

Takk igjen for at du leste denne boken, og jeg ønsker deg lykke til på din frugalistiske reise!